FÜR JUTTA

MENSCHEN, NAMEN, MONSTER

WAS RIECHT DENN HIER SO VERBRANNT ?

VON

CANIA

BLUE SHARK
CARTOON EDITION

BLUE SHARK CARTOON EDITION

BAND 1   MENSCHEN, NAMEN, MONSTER
"WAS RIECHT DENN HIER SO VERBRANNT ?"

BAND 2   BLEI STATT GNADE

BLUE SHARK ENTERTAINMENT
WWW.BLUESHARK-WEB.DE
JÜLICH, 2000
HRSG.: MICHAEL HACKL

COPYRIGHT © CANIA, 2000
ALLE RECHTE VORBEHALTEN
ZEICHNUNGEN: CANIA
TEXTE: CANIA + JUTTA HACKL
UMSCHLAGGESTALTUNG + LAYOUT:
JUTTA HACKL + CANIA
PRINTED IN GERMANY
LIBRI BOOKS ON DEMAND
ISBN 3-934856-00-4

INHALT

1. LIEBE HIEBE TRIEBE

MUTTI - DER
BÖSE ONKEL HAT MEIN
SCHWERT !!!

VORSICHT !!
ICH HAB' DIE FLAMME AM
FEUERZEUG VERSTELLT !!!
FRAGILE

2. NOT + BROT

ALS JOE SICH ENDLICH
DAZU ENTSCHLOSS, DIE
BOMBE ZU PUTZEN, WAR
ES ZU SPÄT.

SO !!!
DAS IST ALSO
DAS FERIENHAUS
MIT ZUGANG
ZUM MEER !!!
CANIA

FAHRSCHULE
ICH LASS' IMMER EINEN FAHREN !

STÖPSEL ZIEHEN BEREITET IMMER WIEDER VIEL SPASS.

LEO MACHTE DEN GROSSEN FEHLER, OBEN
AUF DER KLIPPE DEN LETZTEN REST AUS
SEINER FLASCHE HOLEN ZU WOLLEN.

KRIEGEN SIE'S BIS NÄCHSTE WOCHE WIEDER HIN ???
AUTO
REPARATUR
FÜR UNS IST NIX UNMÖGLICH !!!

ZUM ERSTEN MAL IN SEINEM LEBEN HAUTE MANFRED SEIN GELD AUF DEN KOPF, ABER IRGENDWAS GING DABEI SCHIEF.

DER KAPITÄN HATTE RECHT !!!
DER SWIMMING-POOL IST WIRKLICH SEHR GROSSZÜGIG GESCHNITTEN !!!

HERRN MEIER BEREITETE ES STETS
VIEL SPASS, DEN JUNGS BEIM
RAUTENZEICHNEN ZUZUSEHEN.

ICH HABE DEN
MIKROCHIP ERFUNDEN.
DAS IST DER ENTWURF.

SO BEKOMMST DU
DEN STEIN NIE HOCH !!!

KINDERDIEBSTAHL

SENF

SIE WÜNSCHEN ???

BUMM
MERKE:
GAS UND RAUCHEN
VERTRAGEN SICH NICHT !!!

KOMM DOCH MIT
EINEN SAUFEN.
LASS' DEINE FREUNDIN
FAHREN.
NEE, DU. LASS' MAL.
ICH LASS' LIEBER
SELBER EINEN
FAHREN.

PFRÖÖÖÖT

LETZTE MELDUNG:

VORSICHT VOR
MUTIERTEN SILBERFISCHEN !!

3. GESUNDHEIT

NEIN - GEH´ NICHT !!!
IN DREI STUNDEN KOMMT
EIN BUS !!!

HAB ICH DICH
NICHT GEWARNT,
AUF DER STRASSE
ZU GEHEN ???

SO EINEN SELTSAMEN FALL
VON GENICKSTARRE HABE ICH
NOCH NIE GESEHEN...

HERVORRAGEND HERR DOKTOR !!!
ENDLICH SEHE ICH IHRE BUCHSTABEN
GLASKLAR !!! SOGAR DIE RUNDEN !!!
A
BSEM
ACIG

EIN PAAR
BOHNEN
ZUVIEL ...
FURZ

DRECKSAU !!!

DU SIEHST ABER
ABGEBRANNT AUS !!!

WOLLEN WIR'S MAL
ZUSAMMEN
VERSUCHEN ??
DU DENKST
IMMER NUR AN
DAS EINE !!!

ENTSCHULDIGEN SIE BITTE !!! HABEN SIE MEINEN PFEIL GESEHEN ???

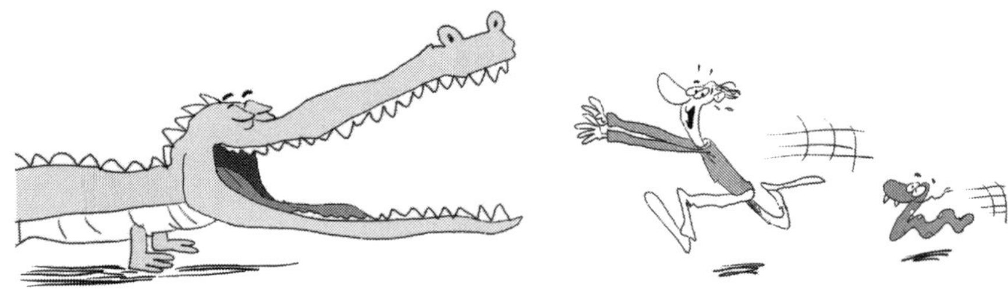

DIESE BRILLE IST KLASSE !!!
ICH SEHE IHRE SCHÖNE ASSISTENTIN GLASKLAR !!!
A
BMO
PZFX

A
ICH KANN DAS
"B" IMMER
NOCH NICHT
ERKENNEN !!!

SIE WÜNSCHEN ?

4. GROSSES BLABLA

ICH SEH'S EIN:
DIE AUFGABE WAR
ZU SCHWIERIG ...

HE ! DU HAST JA 'N
PICKEL IM GESICHT !!!

DU BIST GEMEIN !!!
IMMER MUSST DU MICH
HÄNSELN !

MACHEN AUCH SIE MEHR AUS IHREM TYP:
VON DER BLINDSCHLEICHE ZUR KLAPPERSCHLANGE !

(SÄUSEL, TRÄLLER, FLÖT...)
HALLO, DU SÜSSES KABEL !!
WIE IST DEIN NAME ??
(ZWITSCHER, TRÄLLER...)

HEIDI, WA.
CANIN

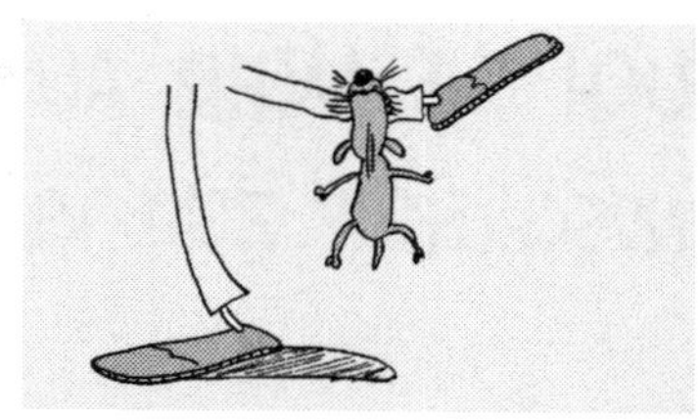

JUNGE, JUNGE. DAS HÄTTE ABER INS AUGE GEHEN KÖNNEN !!

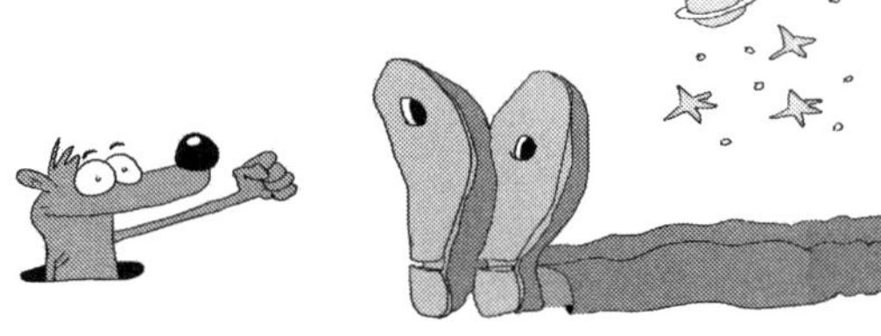

HERR SCHNEEMANN !
WIE STEHEN SIE
ZUM FRÜHLING ??

MANN - DU HAST JA KÄSE-FÜSSE !!!

BESTIMMT WIEDER SO EIN LÄSTIGER VERTRETER ?!!

SIE HABEN ABER EINEN SCHARF GEZOGENEN SCHEITEL !!!
JA, VERDAMMT SCHARF !!!

VERDAMMT COOL - DER MANN !!!

ALLE REDEN VOM ATOMAUSSTIEG !
SO EIN STUSS - UNSER HEIMKRAFTWERK
IST KLASSE !!

HEE - SIE HABEN DA WAS VERLOREN ...

SOLL ICH IHNEN WIRKLICH VERRATEN,
WARUM SIE NICHTS SEHEN ???
A
BSEM
ACIG

STELL´ DIR VOR !!
DIESER DAVID COPPERFÖLD
HAT MICH AUF DIE BÜHNE
GEHOLT UND BEI DEM
VERSCHWINDETRICK
MUSSTE
ICH ASSISTIEREN !!!
TRAUMHAFT !!!

PLANKTON VERSAND GMBH & CO KG

BESTELLEN SIE JETZT:
TÄUSCHEND ECHTE **PVC**-HAIFISCHFLOSSEN ZUM UMSCHNALLEN.
GRÖSSE S - PASSEND FÜR KIELER SPROTTEN, SARDELLEN ETC.
GRÖSSE M - IDEAL FÜR HERINGE UND KLEINE WELSE
GRÖSSE L - FÜR THUNFISCHE UND KÖNIGSPINGUINE
GRÖSSE XL - FÜR DELPHINE UND ZWERGWALE
GRÖSSE XXL - PASSEND FÜR BLAUWALE UND RIESENKRAKEN
RUFEN SIE JETZT AN:
ALGOFON: 0333 - BLUBBBLUBB
WASSERMAIL: FLASCHENPOST@BLUBB.EAU

GLEICH HABE ICH WIEDER FESTEN BODEN UNTER DEN FÜSSEN !!!

WAS IST ? SIE WOLLTEN DOCH DIE HAND MEINER TOCHTER ???

ICH BIN DER HERR
DES DSCHUNGELS !!!

AHAHAHAA
GNIHIHIHI
HOOHOHOHOHO
HIHIHIHIIIIHIIIIIHHIII
HÄHÄÄHÄ
HIHIHIII
MECKERHÄHÄHHA
HÄHÄHÄ
HRCHRCHR
RRRRHRRH
HSSHSHSHSSSSSHSS
MÖHÖHÖ
HÖHÖHÖHÖHÖ
TRÖTÖTÖTÖTT
HIHIHIIHI
HIHIHIHIARRRHAHA
HOHOHOHOOOHO

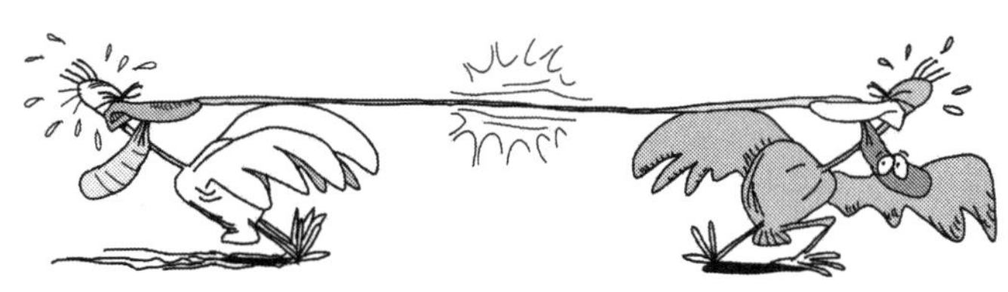

WIRKLICH HERAUSRAGEND -
IHRE FREUDE MICH ZU SEHEN,
HERR DIREKTOR ?!

UND DU WILLST EINER
VON UNS SEIN ?!?

WIESO ? ICH SEHE
KEIN STOPSCHILD !!
STOP

SIE HABEN EINEN ZU NIEDRIGEN BLUTDRUCK !!
ICH VERORDNE IHNEN DRINGEND EINE
ERSCHRECKUNGSKUR AUF DEM NÄCHSTEN
KIRCHENTAG !!!

DAS BOMBERGESCHWADER VON COLONEL MACARTHUR GRIFF
IM MORGENGRAUEN DEN VÖLLIG UNVORBEREITETEN FEIND AN.

ICH FINDE, KREUZSTICH
HÄTTE BESSER AUSGESEHEN.

PROFI
100

?

KEINER BEACHTET MICH.
SOGAR DIE IGEL TRAMPELN
AUF MIR RUM.

MHM...
LECHZ

BÖRPS

HARALD WAR KEINESWEGS VON DER VORSTELLUNG ANGETAN,
SEIN EIS UNTER DIESEN UMSTÄNDEN WEITER ZU ESSEN.

ANNO 2041:
AUCH HELDEN
WERDEN ÄLTER ...

5. NO SPORTS

WIE NEUESTE FORSCHUNGEN ERGABEN, FÖRDERT PRÄOPERATIVER FRÜHSPORT BEIM ARZT DIE KONZENTRATION UND BEIM PATIENTEN DIE NARKOSE.

GENAU HIER LAGEN DIE DREI BÄLLE !!!

GENAU HIER LAGEN DIE VIER BÄLLE !!!
GENAU HIER LAGEN DIE FÜNF BÄLLE !!!
GENAU HIER LAGEN DIE SECHS BÄLLE !!!
GENAU HIER LAGEN DIE SIEBEN BÄLLE !!!
GENAU HIER LAGEN DIE ACHT BÄLLE !!!
FORTSETZUNG FOLGT...

6. UM GOTTES WILLEN

JETZT REICHT'S !!

ICH RUFE DAS JÜNGSTE GERICHT EIN !!
SCHICK' MIR DEN RICHTER !!

IRGENDWIE BIN ICH ZU GUTMÜTIG,
MIR LÄUFT ALLES AUS DEM RUDER !

ICH SCHAFF'S EINFACH
NICHT, DEN MENSCHEN
NACH MEINEM EBENBILD
ZU ERSCHAFFEN !!!
TYPISCH...

SIE WÜNSCHEN ?

OH, VERZEIHUNG - DA WAR ICH
WOHL EIN WENIG UNGESCHICKT !
JETZT IST DIE SCHÖNE
ZIGARETTE RUINIERT !!

HE - LUZI !!
DIESER SURVIVAL-URLAUB
IST GENIAL !!!
DAS SOLLTEN MEINE
BE... ÄH... ENGEL AUCH MAL
MACHEN !!!

WAS HAST DU DENN ???
ICH RAUCH' DOCH NUR
NOCH EINE ZIGARETTE !!!

JETZT IM KINO:

SCHOCKIEREND !

ATEMBERAUBEND !

GRAUENVOLL !

HÄRTEGRAD 101 !!

DER WEISSE HAI TEIL 732

SIE WÜNSCHEN ??

GEISTERBAHN
.. ZUR
HÖLLE
AUSGANG
HAHAHA,
SEIT DER ERSCHAFFUNG DES
MENSCHEN HABE ICH NICHT
MEHR SO GELACHT !!!
LENTRIP
HÖLLENTRIP

ACH, HERR DOKTOR - IMMER HABE ICH DIESE GRAUENHAFTEN ALBTRÄUME, EINES TAGES IN DER HÖLLE AUFZUWACHEN.
?

ES WERDE LICHT !!!

CLIC

HEE - DAS WOLLTE ICH DOCH MACHEN !!!

LEUTE VON HEUTE

AUS UNSERER BOULEVARD-REDAKTION

AN DIE VEREHRTE LESERSCHAFT:
JETZT - SO KURZ VOR DEM ENDE DIESES
BAHNBRECHENDEN WERKES - DARF NATÜRLICH EIN
PULITZERPREIS-VERDÄCHTIGES INTERVIEW
MIT EINIGEN **CANIA-STARS** NICHT FEHLEN.

NUN JA, ICH FINDE **CANIA** IST EIN WIRKLICH SOZIALER MENSCH MIT
GROSSEM HERZEN. ENDLICH GIBT ES JEMANDEN, DER UNSERE GESCHUNDENE
MINDERHEIT INS LICHT DER ÖFFENTLICHKEIT STELLT.
SCHLIESSLICH WIRD UNSER VOLK SEIT JAHRHUNDERTEN VON WILDEN
SPATEN ZERTEILT, DERBEM SCHUHWERK ZERTRETEN UND WURSTIGEN
KINDERHÄNDEN ZERPFLÜCKT.

ABER WAS DAS UNVERSTÄNDLICHSTE AN DER
GANZEN SACHE IST: WÄHREND WIR WÜRMER
- DAS EIGENTLICHE VOLK - ZERDRÜCKT,
UNTERGEGRABEN UND GEKÖPFT WURDEN,
KAMEN UNSERE BEHAUSUNGEN
SCHON VIELFACH ZU
GLANZVOLLEN
HOLLYWOOD-EHREN !

HMM... ÄHM... VERZEIHEN SIE
HERR WURM - ABER WIE
MEINEN SIE DENN DAS ??
ICH VERSTEH´ NICHT GANZ...

ABER ICH BITTE SIE ! DENKEN SIE DOCH NUR AN RAUMSCHIFF
ENTERPRISE, VOYAGER ODER WIE SIE ALLE HEISSEN ! IN FAST
JEDER FOLGE TAUCHT DOCH IRGENDEIN "WURMLOCH" AUF -
ABER WIR - WO BLEIBEN WIR BEI DER GANZEN SACHE ?
NAJA, ABER DAS HAT SICH NUN DANK CANIA GEÄNDERT !
ÖH, JA... WENN SIE ES
SO SEHEN ... ÄHM ...
ICH DANKE IHNEN FÜR
DAS INTERVIEW.

WURM LOCH
SPOTTY BEAM MICH SOFORT HIER RAUS !!!

UND SIE, HERR GOTT ?
WAS SAGEN SIE DAZU ?
NICHTS - WIE IMMER...
RONFL
ZZZZZZ
SCHNORCH

CANIA

Irgendwann in der zweiten Hälfte des 20. Jahr-
hunderts hat CANIA das Licht dieser Welt erblickt.
Wie bei fast jedem anderen Menschen vor und nach
ihm nahm sein Dasein zunächst einen ganz normalen
bis langweiligen Verlauf.
 Allerdings regte sich seine Phantasie sehr früh und
im zarten Alter kreiselte sein Stift schon recht flugs -
wobei diese Ergüsse auch für kindliche Verhältnisse als nicht wirklich
gelungen bezeichnet werden konnten.
 Da er aber nimmermüde war und einen rechten Sturkopf besass, sollte
ihn die Kunst nicht mehr loslassen, auch wenn die folgenden Jahre eher
künstlerische Armut verhiessen.
 Nach seinem Schulabschluss begann er eine recht unbefriedigende Aus-
bildung. Es folgten ruhige Jahre, in denen seine künstlerische Energie
zwar nie ganz stillhielt, er aber nur in seiner Freizeit und meist nur zum
Spass oder für die Schublade zum Stift griff.
 Man kann seine wahre Bestimmung selten auf Dauer unterdrücken
und so hiess es auch für CANIA nach einer anschliessenden Odyssee
durch diverse Jobs wie Gemüsefahrer, Zahnpastaabfüller, Lidschatten-
kontrolleur und Unaussprechlicherem irgendwann: "Kunst - hier bin ich !!"
 Er entschloss sich kurzerhand die Filmhochschule zu besuchen
und 1996 begann seine Karriere beim internationalen Film.
 BLUE SHARK ENTERTAINMENT will nun das umfangreiche Werk CANIAs
einem breiten Publikum zugänglich machen. Weitere Veröffentlichungen
sind geplant. Ausdrucksstarke Farbdrucke von CANIAs Ausflügen in die
Welt der Malerei sind bereits in unserem Internetshop erhältlich.

Der Herausgeber

CANIA
BLEI STATT GNADE

BAND 1

MIT CARTOONS AUS DEM WILDEN WESTEN

BLUE SHARK ENTERTAINMENT * POSTFACH 1237 * 52411 JÜLICH

16,90 DM
80 SEITEN
ISBN 3-934856-01-2

IN KÜRZE

DA HABEN WIR
DEN SALAT !!